Helene Erwin

Kooperatives Lernen - Heterogenität

GRIN Verlag

Bibliografische Information der Deutschen Nationalbibliothek:

Die Deutsche Bibliothek verzeichnet diese Publikation in der Deutschen National-
bibliografie; detaillierte bibliografische Daten sind im Internet über http://dnb.d-
nb.de/ abrufbar.

Impressum:

Copyright © 2010 GRIN Verlag, Open Publishing GmbH
Druck und Bindung: Books on Demand GmbH, Norderstedt Germany
ISBN: 978-3-640-79429-4

Dieses Buch bei GRIN:

http://www.grin.com/de/e-book/164216/kooperatives-lernen-heterogenitaet

GRIN - Your knowledge has value

Der GRIN Verlag publiziert seit 1998 wissenschaftliche Arbeiten von Studenten, Hochschullehrern und anderen Akademikern als eBook und gedrucktes Buch. Die Verlagswebsite www.grin.com ist die ideale Plattform zur Veröffentlichung von Hausarbeiten, Abschlussarbeiten, wissenschaftlichen Aufsätzen, Dissertationen und Fachbüchern.

Besuchen Sie uns im Internet:

http://www.grin.com/

http://www.facebook.com/grincom

http://www.twitter.com/grin_com

Heterogenität 2 – Kooperatives Lernen

Inhaltsverzeichnis

Heterogenität 2 – Kooperatives Lernen

1. Einleitung

Frontalunterricht ist im Unterricht die mit Abstand am häufigsten gewählte Sozialform. Doch wieso ist das so, wenn es so eine enorme Methodenvielfalt gibt? Der Zeitfaktor scheint eine erhebliche Rolle zu spielen, denn nirgends kann Lehrstoff so schnell vermittelt werden, wie beim Frontalunterricht. Doch wie nachhaltig ist diese Form der Vermittlung?

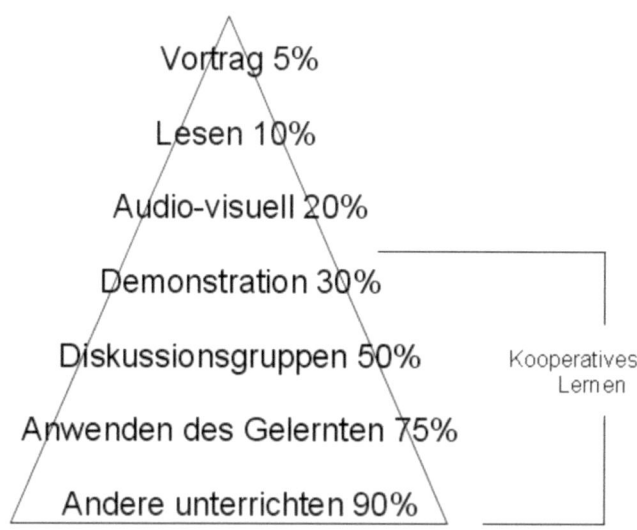

Abbildung 1: Verteilung der Sozialformen (Quelle: Fürstenau, Gomolla: Migranten und schulischer Wandel)

Der größte Lernerfolg zeichnet sich vor allem durch Anwendung ab. Während bei einem Vortrag oder durch das bloße Selbststudium via Eigenlektüre nur etwa 5 bis 10 % des Inhalts behalten werden, siedeln sich Demonstration und Diskussionen mit anderen, die direkte Anwendung des Gelernten oder selbst andere zu unterrichten bei Prozentsätzen von 30 bis 90% an. Genau diese Unterrichtsmethoden beinhaltet das Kooperative Lernen.

Diese Ausarbeitung basiert auf den Veröffentlichungen von Norm und Kathy Green zum *Kooperative[n] Lernen im Klassenraum und Kollegium*, sowie Sara Fürstnau und Mechthilf Gomolla zur *Migration und schulische[m] Wandel*. Ergänzt wird sie durch einschlägige Sekundärliteratur zur Thematik.

Nachdem im zweiten Kapitel die allgemeine Problematik bei Gruppenarbeiten aufgezeigt wird, ist in Kapitel 3 das Konzept des Kooperativen Lernens mit einem als Beispiel angeführten Gruppenauftrag angeführt. Kapitel 4 befasst sich mit den verschiedenen Lehrerrollen, wie sie früher gesehen wurden und heute verkörpert sind. Abschließend wird die Rolle des Lehrers in der Kooperation detailliert vorgestellt.

2. Die Problematik bei Gruppenarbeit

Die Unterrichtsmethode der Gruppenarbeit bietet vielerlei Möglichkeiten neuer Lernstofferarbeitung. Doch genauso gibt es aufzeigbare Nachteile, die durch das Arbeiten in kooperativen Gruppen bestmöglich beseitigt werden sollen.

Als besonders unproduktiv gilt eine „Pseudo-Gruppe", die nur aus Schülern besteht, die nicht gemeinsam arbeiten. Meist findet sich ein strebsamer Schüler, der die gestellte Aufgabe erledigt, während der Rest der Gruppe zuschaut oder sich Privatgesprächen widmet. Rivalitäten innerhalb der Gruppe sind möglich. Das Prinzip lautet „Ich anstatt du".[1] Eine traditionelle Gruppe besteht aus Individualisten, die sich alle um ihre Note sorgen. Jeder teilt sich den anderen Mitgliedern mit, hört diesen jedoch gleichzeitig nicht zu. Meist findet sich hier ein Gruppenleiter, der aus den verschiedenen Äußerungen ein Ergebnis zur späteren Präsentation zusammenpuzzelt. Hier ist das Arbeitsprinzip „Ich alleine" zu finden. Die ertragreichste Gruppe ist die kooperative. Jedes Gruppenmitglied hat eine Aufgabe[2] und es wird auf ein gemeinsames Ziel hingearbeitet. Alle sind im positiven Sinne voneinander abhängig und lernen sich so gegenseitig wertschätzen. Das Prinzip ist „Wir anstatt ich." Wichtige Inhalte werden innerhalb der Gruppe herausgearbeitet. Hierbei entsteht eine Rechtfertigungspflicht gegenüber den anderen Gruppenmitgliedern, die durch Diskussionen und Demonstrationen getilgt werden kann.

In der Gruppe kann nach dem Tuckman'schen Modell[3] gearbeitet werden, oder aber auch das Prinzip „Think, Pair, Share"[4] verwendet werden. Letzendlich sind sich die zwei

---

1 Fürstenau, Sara/ Gomolla, Mechthild: Migration und schulischer Wandel: Unterricht. (2009) 1. Auflage. Vs Verlag Wiesbaden.

2 Mögliche Aufgaben für die Gruppenmitglieder könnten sein: Schreiber, Zeitnehmer, Materialbeschaffer, Fragensteller, Oppositioneller etc.

3 Die Phasen einer Gruppenarbeit hat Bruce W. Tuckman in vier Phasen unterteilt: Forming, Storming, Norming,und Performing. Forming beinhaltet die Orientierung, das Testen und die Abhängigkeit der einzelnen Gruppenmitgliedern. Storming beschreibt die Konfrontationen innerhalb der Gruppe und das Besprechen der Aufgabe. Norming umfasst das Austauschen und die Kooperation innerhalb der Gruppe. Performing ist die Phase, in der alle gesammelten Informationen im gemeinsamen Produkt zusammenfließen und somit das erarbeitete Ergebnis der Aufgabe feststeht.
   Quelle: Tuckman, Bruce (1965). "Developmental sequence in small groups". Psychological Bulletin 63 (6): 384–399.

4   Bei dem „Think-Pair-Share"-Prinzip handelt es sich um eine Strukturform des Kooperativen Lernens.

Arbeitsstrukturen recht ähnlich und werden meist in Bezug auf das Kooperative Lernen genannt.

3. Kooperatives Lernen

Schüleraktionen in Gruppen können individualistisch, konkurrierend oder kooperativ sein. Die Grundelemente des Kooperativen Lernens sind für diese Form der Gruppenarbeit obligatorisch und ermöglichen eine ertragreiche Zusammenarbeit, sowie gleichzeitig eine Erleichterung durch die Arbeitsteilung. Als Produkte stehen der Wissenserwerb und das Erlernen beziehungsweise Trainieren von gewissen Sozialkompetenzen. Interaktionen in einer Kleingruppe von Angesicht zu Angesicht fördert nicht nur die Kommunikationsfähigkeit jedes Einzelnen, sondern ebenfalls die die Kritikfähigkeit und die Möglichkeit, Kompromisse zu schließen. Problemlösungs- und Weiterbildungsstrategien werden gebildet, um sich mit der Aufgabe des selbstständigen Erlernens auseinander setzen zu können. In einer heterogenen Gruppe wie dieser besteht die Chance, Statusunterschiede abzubauen. Schüler, die generell vielleicht keinen oder kaum Kontakt innerhalb der Klasse zueinander haben, finden sich in einer gemeinsamen Gruppe wieder und arbeiten zusammen an ihrer Aufgabe. Die Lernumgebung sollte so ausgereift sein, dass sie als sicher zu verzeichnen ist, sodass sich jeder Schüler auch zu seinen Schwächen bekennen und nach Hilfe fragen kann. Da jedes Gruppenmitglied eine eigene Aufgabe zu erledigen hat, sind alle positiv voneinander abhängig. Jeder Einzelne verfügt über eine individuelle Verantwortung, die sich ebenfalls auf das Gesamtprodukt bezieht. In einer kooperativen Gruppe ist das Arbeitsmaterial nur in einfacher Stückzahl vorfindbar, sodass die Mitglieder sich miteinander verständigen und austauschen müssen. Ein Separieren mit einem eigenen Materialsatz und alleiniges Arbeiten an seiner Aufgabe ist somit nicht möglich. Generell kann durch diese Form der Gruppenarbeit zur Verbesserung der Lernhaltung beigetragen werden. Schüler, die vorher nicht gerne zur Schule gegangen sind, weil sie keine Kontakte innerhalb der Klasse oder Probleme mit dem Unterricht hatten, können sich jetzt innerhalb ihrer Gruppe verständigen und Fragen angstfrei stellen. Dadurch steigert sich das Interesse am Schulstoff und die aktive Beteiligung am Lernprozess. Das Selbstwertgefühl[5] eines jeden wird erweitert. Es entsteht ein höheres

---

Diese gliedern sich in die individuelle Auseinandersetzung mit der Aufgabenstellung, danach den Austausch mit dem Partner, bevor am Ende die Klasse bzw. die Gesamtgruppe hinzugezogen wird und das Ergebnis präsentiert bekommt. Quelle: http://www.kooperatives-lernen.de/dc/netautor/napro4/appl/na_professional/parse.php?mlay_id=2500&mdoc_id=1000423 (Stand: 06.08.2010)

5 Der Begriff des Selbstwertgefühls definiert sich durch die Sicherheit, über die der Mensch verfügt, die

Leistungsniveau und die Fähigkeit, kritisch zu denken, entwickelt sich. Es kann eine gemeinsame Identität, ein Zusammenhalt, durch beispielsweise ein gemeinsames Motto, Logo oder einen Gruppennamen geschaffen werden. Der natürliche Wettbewerb gegen die anderen Gruppen kann als Team bestritten werden.

Das ganze Konzept des Kooperativen Lernens ist auf die Interaktion innerhalb der Gruppenmitglieder, die alle unterschiedliche Aufgaben haben, ausgerichtet.

Die Auswertung und Evaluation erfolgt durch die Schüler sowie den Lehrer. Individuelle Feedbacks bezüglich des Lernfortschritts werden ausgesprochen, sowie auch das Arbeitsverhalten innerhalb der Gruppe besprochen.

Das Konzept des Kooperativen Lernens muss mit den Schülern erst eingeübt werden. Bei der ersten Durchführung sind nicht unbedingt sehr gute Ergebnisse zu erwarten. Die Schüler kennen diese Unterrichtsmethode noch nicht und müssen sich, ebenfalls wie der Lehrer, damit auseinander setzen und die beste Arbeitsart für sich herausfinden. Es bietet sich an, die Gruppenkonstellation erst zu ändern, wenn ein zufriedenstellendes Ergebnis zustande gekommen ist. Die Evaluation durch die Schüler stellt einen wichtigen Aspekt für den Lehrer dar und er sollte sich vor allem möglicher Kritikpunkte annehmen.

3.1 Der Gruppenauftrag

Ein Gruppenauftrag gliedert sich in zwei Arbeitsaufträge und eine Inhaltskarte. Der erste Gruppenauftrag soll in das Thema einführen und wird im Rahmen der gesamten Klasse gemacht. Das Vorwissen der Schüler wird abgefragt und mit dem dann folgenden verknüpft. Gedanken der Schüler können hier ausgetauscht werden, da sich jeder zu Wort melden kann. Die Inhaltskarte wird vom Lehrer den einzelnen Gruppen zur Verfügung gestellt. Hierbei handelt es sich um ein- bis zweiseitiges Papier mit dem wesentlichen Informationen zur Thematik. Anhand dieses Blattes einigt sich die Gruppe auf die zentralen Inhalte in Bezug auf ihre Aufgabe. Der zweite Arbeitsauftrag umfasst die Arbeit in den jeweiligen Aufgabengebieten und beinhaltet somit den Wissenstransfer. Wichtig für den Gruppenauftrag ist das einmalige Vorhandensein des Materials. Außerdem steht die gesamte Gruppe für das Produkt. Jeder ist am Ende fähig, die Vorstellung der Arbeit in Form einer Präsentation wiederzugeben und mögliche Fragen von außen zu beantworten. Somit wird garantiert, dass

---

Tatsache, dass derjenige er selbst sein kann und sich nicht verstellen muss, zu einer Gruppe gehört, eine Mission hat und Kompetenzen besitzt und diese auch erweitern will. Quelle: Green, Norm/ Green, Kathy: Kooperatives Lernen im Klassenraum und im Kollegium. Das Trainingsbuch. (2006) 2. Auflage. Kallmeyersche Verlagsbuchhandlung GmbH Seelze-Velber.

sich die gesamte Gruppe mit der Thematik befasst und nicht nur den eigenen Teil bearbeitet. Am Ende des Gruppenauftrags findet eine Reflexionsphase statt, in der sich jeder Schüler zur individuellen und in der Gruppe geleisteten Arbeit äußern soll.

4. Die Rolle des Lehrers

Die Rolle des Lehrers hat sich seit den letzten Jahrzehnten deutlich gewandelt. Während das Bild des Lehrers früher dem eines Bildhauers entsprach, ist es heute mit einem Coach beziehungsweise Moderator zu vergleichen. Damals wurden die Schüler als weißes Blatt betrachtet, das nur durch den Lehrer beschrieben werden konnte. Es wurde davon ausgegangen, dass sie keinerlei Vorwissen hatten, sondern waren komplett auf die Wissensvermittlung des Lehrkörpers angewiesen. Als bekanntes Beispiel dazu kann die behavioristische Lehrmethode des *Nürnberger Trichters* genannt werden. Der Lehrer sei fähig, selbst dem faulsten und unwissendsten Schüler alles beizubringen, da dieser nur dem Lehrer zuhören und selbst nicht aktiv werden müsse. Als Fachperson könne der Lehrer die Fähigkeiten der Schüler durch Beobachtung einschätzen und sie so in Kategorien einordnen, um das weitere Lehrverfahren bei dieser Gruppe bestimmen zu können. Dadurch bleibe der Wettbewerb innerhalb dieser Kategorien, aber auch der gesamten Klasse, bestehen. Außer dem Fachwissen sei keinerlei didaktische Kenntnis von Nöten, sodass jeder fachstudierte Mensch die Position eines Lehrers einnehmen könne, ohne eine didaktisches Studium absolviert zu haben. Die neue Lehrerrolle geht von einer Selbstständigkeit des Schülers aus. Dieser ist selbstverantwortlich für seinen Lernprozess, denn das Wisse kann nicht vermittelt werden, wenn der Schüler dieses nicht für sich annehmen möchte. Lernen kann also nur auf freiwilliger Basis passieren . Das Wissen muss also vom Schüler selbst entdeckt und erworben werden. Da der Lehrer nur als Coach fungiert, entwickelt er Aufgaben, durch die sich die Schüler die Fähig- und Fertigkeiten selbst aneignen können, um selbstständig Problemstellungen zu lösen. Es kann also von einer „Hilfe zur Selbsthilfe" gesprochen werden.

4.1 Die Lehrerrolle bei der Kooperation[6]

Die Lehrerrolle bei dem Kooperativen Lernen kann in verschiedene Arbeitsschritte unterschieden werden. Bevor die Schülergruppe hinzugezogen wird, muss sich der Lehrer

---

6 Kooperatives Lernen S. 99-101.

darüber bewusst werden, welche kognitiven und sozialen Ziele er mit der Lehreinheit erreichen möchte. Genau diese Ziele muss er sich immer vor Augen führen, um die Schüler in der späteren Praxisphase dort hinzuleiten. Er muss sich Gedanken dazu machen, welche Gruppenzusammensetzung besonders hohen Ertrag erbringt. Eine gewisse Gruppengröße von, je nach Aufgabe, 2 bis 6 Schülern wird als ideal gesehen und sollte nicht überschritten werden. In Anbetracht der Aufgaben, die in einer kooperativen Gruppe zu vergeben sind, sollte der Lehrer darauf achten, wer besonders für entsprechende Rolle in Betracht kommt. Der Raum oder, je nach Kapazitäten, die Räume und der benötigte Materialsatz, einer pro Gruppe, sollten bis zum Beginn der Gruppenarbeit vorbereitet sein.

Die zweite Arbeitsphase beginnt damit, der Schülergruppe die Aufgabe zu erklären, mit Erfolgskriterien und auch erwünschten Verhaltensweisen. Es soll eine positive Abhängigkeit innerhalb der Gruppen durch individuelle Verantwortungen in Bezug auf die eigene Aufgabe, aber auch auf das Gesamtprodukt geschaffen werden. Die kooperativen Fertigkeiten werden durch die Gruppenform genauso gelehrt, wie die neuen Inhalte.

Der Lehrer kleidet in diesem Arbeitsschritt die Rolle des Beobachters ein. Er gibt, wenn nötig, Hilfestellung und achtet darauf, dass die Bearbeitung der Aufgabenstellung im Vordergrund bleibt, aber auch die zu erlernenden sozialen Kompetenzen im Fokus stehen. Wenn die Schüler in ihren zugeteilten Gruppen agieren, ist es wichtig, dass Interaktionen von Angesicht zu Angesicht stattfinden. Gute Lernergebnisse sind auf vermehrten verbalen Austausch in Form von beispielsweise mündlichen Zusammenfassungen, Erklärungen oder Vertiefungen der Schüler untereinander zurückzuführen.

Abschließend erfolgt mit der Präsentation der Ergebnisse durch die einzelnen Gruppen die Beurteilung des Lernfortschritts der einzelnen Schüler. Die Gruppenfunktionalität wird genauso ausgewertet wie die Aufgabenerfüllung. Hier ist es wichtig, einen Abschluss der Gruppenarbeit zu liefern. Dieser kann beispielsweise durch eine offene Fragerunde in der Gesamtgruppe oder durch das Austauschen von Arbeitsblättern geschehen.

5. Literaturverzeichnis

Green, Norm/ Green, Kathy: Kooperatives Lernen im Klassenraum und im Kollegium. Das Trainingsbuch. (2006) 2. Auflage. Kallmeyersche Verlagsbuchhandlung GmbH Seelze-Velber.

Fürstenau, Sara/ Gomolla, Mechthild: Migration und schulischer Wandel: Unterricht. (2009) 1. Auflage. Vs Verlag Wiesbaden.

Tuckman, Bruce (1965). Developmental sequence in small groups. In: Psychological Bulletin 63 (6): 384–399.
http://www.kooperativeslernen.de/dc/netautor/napro4/appl/na_professional/parse.php?mlay_i d=2500&mdoc_id=1000423 (Stand: 09.08.2010)http://www.learn-line.nrw.de/angebote/greenline/ (Stand: 09.08.2010)

Anmerkung:

Die Techniken zum wissenschaftlichen Arbeiten dieser Ausarbeitung stammen aus:

Moennighoff, Burkhard / Eckhardt Meyer-Krentler: Arbeitstechniken Literaturwissenschaft. 12. korrigierte und aktualisierte Auflage. Paderborn: Wilhelm Fink Verlag 2005.